DISCOURS

Prononcé dans le Temple décadaire de la commune de Maestricht, le 2 Pluviôse an VII, pour la célébration de l'anniversaire du 21 Janvier 1793, jour de la juste punition du dernier Roi des Français ;

Par le Citoyen L. S. CHENARD,

Président de l'Administration centrale du Département de la Meuse-Inférieure.

———◆———

CITOYENS,

De toutes les fêtes instituées pour nous rappeller les époques mémorables de la révolution, celle que nous célébrons est, sans contredit, la plus propre à consoler la philosophie des longs outrages faits à la raison et à

A

l'humanité ; à donner à l'homme, réuni en société, la mesure de sa force et de sa dignité, et à faire pâlir sur leurs trônes ébranlés les tyrans insensés qui pourraient encore méconnaître qu'ils ne sont forts que de la force générale, et que la source de leur autorité est dans la volonté de tous dont ils sont les exécuteurs. Le 21 Janvier 1793, dont ce jour est l'anniversaire, la justice nationale, jusque-là méconnue, éclata enfin contre un de ces illustres coupables dont la pourpre cache la nullité absolue, la profonde ignorance, les vices les plus grossiers et souvent les crimes les plus révoltans. Couvert du sang du peuple versé par son ordre dans les murs de Nancy, de Montauban et sous ses yeux dans la mémorable journée du 10 Août, écrasé sous le poids de l'indignation publique, le dernier roi des Français, le parjure Louis XVI, reçut la juste punition de ses continuels attentats contre la liberté dont il s'était déclaré le *restaurateur*, contre la vie du peuple qui lui avait déféré la suprême magistrature et prodigué ses trésors.

Désigné par le Gouvernement pour vous porter la parole en cette auguste cérémonie, je remplirais mal mon ministère si j'arrêtais votre attention sur la série des trames et des conspirations qui conduisirent Capet à l'échafaud. L'opinion est fixée sur ce tyran inepte ; ennemi de sa patrie, infidèle aux traités les plus solemnels et les plus saints, il est rangé parmi ceux qui ont désolé l'humanité, et sa mémoire, souillée du sang répandu sous ses auspices, est vouée aux imprécations des générations les plus reculées. Je me propose un but plus utile, c'est de vous démontrer que les crimes nombreux de Capet, ont moins été ceux du tyran que de la tyrannie ; et que s'il eût été au pouvoir des hommes de rappeller à la vie tous les rois ensévelis dans la nuit des tombeaux et de les citer au même tribunal, pas un de ceux qui régnèrent sur les Français, pas un seul de ceux qui donnèrent des lois aux nations abruties, ou furent chargés de les exécuter chez les peuples les plus fiers et les plus indépendans, pas un seul de ces hommes que la faiblesse, l'ignorance et l'avilissement de leurs semblables avaient investis du pouvoir suprême, n'eût échappé au juste reproche d'avoir cherché à agrandir son autorité par la corruption, l'artifice et la violence ; d'avoir sacrifié l'intérêt du peuple, son repos et sa vie à son insatiable avarice, à sa folle ambition et aux passions effrénées de ses courtisans et de ses maîtresses ; pas un seul en un mot, n'eût évité la fatale sentence, et le supplice de tous ces criminels de lèze-nation eût offert du moins une réparation solemnelle à la souveraineté des peuples et une hécatombe à leur liberté et à leur indépendance outragées impunément depuis tant de siècles.

Mais puisqu'à l'exception d'un très-petit nombre dont des hommes courageux délivrèrent leur pays, la mort a derobé à la justice humaine les usurpateurs, les oppresseurs de la terre ; que dis-je ! puisqu'il s'est trouvé des écrivains assez lâches, assez mercenaires pour prostituer, pour vendre leurs plumes aux plus coupables d'entr'eux ; puisque les arts eux-mêmes se sont dégradés en déifiant des monstres indignes du nom d'hommes, vengeons du moins la vérité, la raison et la philosophie dans ce jour dédié à leur triomphe, en citant les rois à cette tribune républicaine, et en imprimant à la mémoire de ceux qu'on appella les maîtres du monde, l'opprobre qui doit en être éternellement la compagne inséparable. Heureux si soulevant le bandeau des peuples encore aveuglés par la superstition et l'ignorance nous contribuons à briser les chaînes sous lesquelles ils gémissent accablés !

Osez paraître ici sans cette pompe orgueilleuse qui éblouit les yeux stupides des vulgaires humaines; montrez-vous sans vos satellites, sans l'escorte de ces vils adulateurs dont vos largesses corruptrices séduisirent la plume et le burin; paraissez accompagnés de vos seules actions, vous dont le diadême brilla du plus grand éclat; vous dont les règnes fameux font époque dans les annales des monarchies; vous enfin que la voix unanime des générations passées proclama les pères, les amis, les bienfaiteurs du genre humain; dites-nous comment vous avez mérité, comment vous avez obtenu ces titres pompeux et imposteurs. Qu'aviez - vous fait pour le bonheur du monde ? Qui vous distingua de la tourbe de vos semblables ?

Seroit-ce les lois que vous donnâtes aux hommes ?..... Ignorez-vous donc, insensés que vous êtes, que vos réglemens, que vos institutions, fussent-ils en eux-mêmes le chef-d'œuvre de la sagesse humaine, sont corrompus par la source infecte dont ils sortirent, et ne seront jamais aux yeux de la raison et de la philosophie que des attentats, que des usurpations sur la liberté naturelle; que des violations du droit inaliénable et imprescriptible qu'à l'homme en société de faire lui-même les lois par lesquelles il veut être gouverné. Eussiez-vous eu en partage la sagesse des Numa, des Licurgue, des Solon, vous avez opprimé du moment que vous donnâtes vos lois; justifiez de votre qualité de législateurs nés, justifiez du mandat spécial en vertu duquel vous avez régné, ou confessez que vous n'avez été que d'exécrables tyrans.

Nous vanterez-vous la profondeur et la finesse de votre politique, votre science parfaite de cet art de fourberies et de mensonges qui consiste à savoir déguiser sa faiblesse, à épier le moment favorable de s'élever sur la ruine de ses voisins, et à diviser les partis pour les détruire tous; art qui pour être exercé par des brigands couronnés, et toujours voilé du prétexte spécieux du bien de l'état, ne cesse pas pour cela d'être un brigandage et une conspiration contre le repos de l'humanité?

Vous appuyerez-vous sur des alliances qui n'ont été utiles qu'à vos intérêts particuliers, sur des traités où vous avez compromis par des clauses indécentes l'honneur et la dignité de la nation, sur des négociations conduites avec adresse, mais où l'on stipulait vos intérêts personnels, des arrangemens de famille, et où on ne parlait des peuples que pour se liguer contr'eux et aviser aux moyens de mieux river leurs fers? Ces actes, d'ailleurs, fussent-ils tels que vous le prétendez, n'en seront pas moins les résultats de la plus odieuse tyrannie toutes les fois qu'ils auront été exercés sans la participation des co-intéressés. Or, quand les rois ont-ils fait intervenir les peuples à leurs délibérations?..... Quel monarque appella jamais la nation dans ses conseils? Celle qui devait marcher et répandre son sang fût-elle jamais entendue sur les décisions qui l'envoyaient à la mort? Le moyen au reste que des despotes délirans consentissent à révéler les motifs secrets de ces guerres sanglantes et désastreuses entreprises souvent dans l'unique vue de ruiner, de fatiguer et d'exporter les forces d'un peuple inquiet qui commençait à agiter ses chaînes et à rougir de son esclavage. Vous eussiez eu honte, despotes ivres de sang et d'orgueil, d'avouer que vous dépeupliez vos villes, vos campagnes, que vous ruîniez vos atteliers, vos manufactures pour un vil intérêt, pour une misérable querelle, pour le caprice d'une femme adultère ; que vous sacrifiez enfin des millions d'hommes à une sordide avarice, ou à votre ambition démesurée.

Ne croyez pas non plus vous laver du sang que vous avez versé, ni légitimer vos fureurs et les fléaux de toute nature que vous trainâtes à votre suite, par les succès inouis qui accompagnèrent vos entreprises les plus hazardeuses, et couronnèrent votre audace ; ne vous flattez pas de voir mettre dans la même balance la conquête de cent peuples divers que vous écrasâtes sous les roues sanglantes de vos chars victorieux, la réunion à votre empire de leurs superbes provinces, et les maux irréparables dont vainqueurs et vaincus payèrent les avantages funestes à tous, excepté à vous seuls dont ils grossirent les domaines sans alléger la misère de vos anciens ni de vos nouveaux sujets.

Nous n'ignorons pas que l'éclat des exploits militaires, que la pompe des triomphes, que le faste des trophées, que l'orgueil des monumens peuvent par un charme secret surprendre l'admiration même de l'homme sensé, mais le prestige se dissipe bientôt, le héros s'éclipse à la lueur de la vérité, et il ne reste que sa barbarie, que les malheurs épouvantables des peuples, que la ruine des nations, que les villes réduites en cendres, et le ravage et la désolation.

Que de larmes n'arrosent pas toujours les lauriers

moissonnés aux champs de la victoire ! Pour un triomphe, que de familles en deuil, que de gémissemens
éternels ! que de vieillards descendront dans la nuit du
tombeau sans la consolation de sentir une main chérie
presser et clorre leurs paupières ! que de mères, de mères
désolées pleurent et pleureront toujours leurs enfans
moissonnés dans leurs bras sanglans par le fer d'un soldat
furieux ! Que de campagnes jadis florissantes, où les sil-
lons et les traces de l'homme sont effacés pour plusieurs
siècles, où le voyageur ne rencontre plus que des ruines
de cabanes, la mort et le silence ! Une épouvante dou-
loureuse y règne seule : l'homme sensible s'arrête,
l'horreur et l'effroi glacent tous ses sens, et son ame est
oppressée !

Mais ces exécrables forfaits, ces crimes irréparables
et impunis, qui les commit sinon les rois, sinon ces
despotes furieux et forcenés, qui n'obtinrent le détesta-
ble honneur d'être appellés grands, que parce qu'ils
avaient dévasté la terre et l'avaient couverte des osse-
mens de ses malheureux enfans ? Ah ! que n'ont-ils plutôt préféré l'oubli de l'histoire et de la postérité à l'éclat
trompeur et passager de ces météores nocturnes qui ne
brillent aux yeux du voyageur que pour l'égarer et le
conduire au précipice, et à l'horrible célébrité de ces
astres errans dont le passage est toujours signalé par la
peste, la famine et la désolation, ou de ces déluges, de
ces tremblemens de terre, de ces débordemens et autres
semblables catastrophes qui changèrent la face du globe
et la couvrirent d'un crêpe funèbre !

M'accuserez-vous, Citoyens, d'avoir surchargé mes
tableaux et exagéré les torts et les fautes des rois ?
Faudrait-il pour vous convaincre qu'ils ont été réelle-

ment la cause de tous les maux qui ont affligé l'humanité, recourir à des preuves matérielles ?

Eh bien ! déroulons les annales de la monarchie Française, parcourons ces quatorze siècles d'outrages, de barbarie et d'atrocités, cette succession de trois races ou dynasties qui ne fut qu'une suite continue d'iniquités et d'attentats envers les peuples ; où l'on voit soixante-deux rois n'offrir d'autre titre de leur pouvoir usurpé, qu'une prérogative assise sur la ruine du pacte social, qu'un vol antique, impie et successif des droits sacrés, imprescriptibles et inaliénables de l'homme, qu'un brigandage maintenu par la fraude, par la terreur, l'audace, les assassinats et le poison. Cherchons enfin parmi les successeurs de Clovis, de Charlemagne et de Hugues-Capet, un roi qui n'ait pas commis d'attentats contre la nation, un roi digne de l'être ; c'est-à-dire, qui ait gouverné pour l'intérêt des peuples et qui ne doive être rangé ni parmi les monstres, ni parmi les rois inutiles, faibles, voluptueux ou égoïstes.

Ce ne sera pas un farouche *Clovis* dont les ayeux avaient été livrés aux bêtes par Constantin, ou exterminés par Marius comme des animaux féroces, un barbare sicambre, un assassin, un parricide, un brigand digne du dernier supplice, et cependant presque déifié par des moines ignorans et ambitieux, assez effrontés pour vouloir persuader aux peuples que le Ciel avoit envoyé exprès pour son sacre, par l'entremise d'un pigeon béni, une phiole d'huile appellée *la sainte ampoule.* Lâches blasphémateurs, vous n'avez pas en honte de rendre le Ciel complice d'un monstre couvert de tant de forfaits, souillé de tant de perfidies, d'un Clovis qui non content d'avoir fait une guerre injuste au comte de Soissons, de l'avoir dépouillé de ses états, le redemande au barbare Alaric chez lequel il s'étoit retiré après avoir été trahi par le sort des armes, et fait massacrer en sa présence ce malheureux prince que le roi des Goths avoit eu la bassesse de lui livrer pieds et mains liés! Le Ciel complice de ce Clovis qui ordonna avec une ironie froide et cruelle de couper les têtes de Chararic, comte d'Amiens, et de son fils qui s'étaient plaints de ce que par son ordre on leur coupait les cheveux! Le Ciel complice d'un vil assassin qui corrompt les domestiques de Ranachaire, comte de Cambray, et de son frere, obtient qu'ils lui livrent pieds et mains liés ces princes, et maître de leurs personnes, a la lâcheté d'assommer lui-même, de la masse d'armes qu'il portait, deux malheureux incapables de défense! Le Ciel enfin, faire un miracle pour ce parricide qui persuade à Sigisbert de tuer son père, comte de Metz, et le fait assassiner lui-mème en sa présence au moment où il se baissait pour tirer d'un coffre des sacs d'or, prix de son affreux et horrible parricide! Vils faussaires, plats panégyristes des crimes qui épouvantent la nature, si Néron eût doté des églises, vous lui eussiez décerné les honneurs de l'apothéose!

Ce roi digne de l'être ne sera pas non plus un Clotaire I.er, qui poursuivant son fils, coupable de révolte contre lui, l'atteint dans la Bretagne caché avec sa femme et ses deux filles dans la cabane d'un paysan. Serait-il un bon roi, ce père dénaturé qui entoure la cabane de ses satellites, y met le feu, et sourd aux effroyables cris de ses enfans, jouit de l'horrible spectacle des flammes qui les dévorent?

Mais ne cherchons pas un roi digne de l'être, nous

né trouverions pas un homme parmi ces barbares étran-
gers qui s'assirent sur le trône des Français et s'y
maintinrent pendant les trois cents ans qui forment la
première dynastie. Ces sauvages échappés des forêts de
la Germanie, n'avaient d'humain que les traits et ne
sont connus dans l'histoire que par l'épouvantable mas-
sacre de nos ancêtres, par leur audacieuse usurpation
et par les crimes de tous genres dont ils ont souillé
leur mémoire.

N'espérons pas, citoyens, trouver la seconde, ni la
troisième race de nos rois plus fertiles en bons princes.
Peut-être y en rencontreroit-on deux ou trois qui n'ont
pas été tout-à-fait indignes de l'amour de la nation.
Mais ceux-là même, qu'ils ont encore été loin d'avoir
ces qualités qui font le bonheur des peuples, qu'il leur
est difficile de soutenir le regard sévère de la raison et
de la philosophie! Et pour un si petit nombre de princes
médiocres et imparfaits, que de tyrans, que d'oppresseurs, que d'ennemis du peuple, sans cesse occuppés
des moyens d'accroître leur autorité sur les ruines de
la liberté publique, et toujours prêts à sacrifier à leur
ambition, à leur hypocrisie le sang et les trésors de la
nation! Que de brigands, que de conspirateurs, sous
des noms fastueux et imposans! car il semble que les
grands crimes, que les plus odieux attentats aient été
le partage exclusif de ces monarques décorés des noms
de victorieux et de *grands*. Il semble que les peuples
abrutis, dégradés, malheureux et tremblans devant
leurs bourreaux à manteau royal aient pris à tâche de
désarmer leur férocité en leur prodiguant les surnoms *de*
bons, *de justes*, *de père du peuple*, *de bien - aimé*, et
autres aussi peu mérités que la vérité désavoue. Ainsi

le timide Indien offre de préférence ses adorations et ses sacrifices au génie malin dont il redoute la colère ; ainsi les furies, les cruelles Euménides obtinrent des autels chez les pâles humains.

Telle fut aussi, n'en doutons pas, la principale cause de la célébrité et de la haute renommée des CHARLEMAGNE, des PHILIPPE-AUGUSTE, des LOUIS IX, des LOUIS XII, des LOUIS XIII, des HENRI IV, des LOUIS XIV.

Que des esclaves gagés, que des moines enrichis de nos dépouilles, que la bassesse et la superstition, compagnes assidues des tyrans, aient prodigué le titre de littérateur à un prince qu'un de ses capitulaires atteste n'avoir pas su signer son nom ; qu'ils aient appellé *Grand* un assassin, un usurpateur : que l'évêque de Rome à qui il avait fait d'immenses concessions, qu'un Léon, souillé de crimes, lui ait posé sur le front le diadème de l'empire ; qu'il ait enfin été canonisé : au mépris de son auréole, l'homme qui pense ne verra jamais dans Charlemagne qu'un dévot assassin, qu'un brigand qui sacrifia à son ambition ses deux neveux et vingt millions de Français à sa rage des conquêtes ; la philosophie lui reprochera toujours d'avoir été mauvais mari en répudiant et renvoyant avec ignominie sa femme légitime, par la seule raison qu'elle était fille de Didier, roi de Lombardie, qui avait donné un asyle à ses deux neveux ; et d'avoir allié la débauche et la dissolution avec le fanatisme, la scélératesse et l'hypocrisie.

Un peuple heureux et libre n'eût point donné le nom de *Débonnaire* à ce Louis qui, vainqueur de son neveu Bernard, lui fit crever les yeux ainsi qu'aux évêques et seigneurs d'Italie qui avaient embrassé son parti, et non content de ce supplice ; les fit décapiter quelques jours après ; à moins que le nom de Débonnaire ne dût consacrer la faiblesse et la lâcheté de son caractère.

Un peuple libre n'eût point surnommé *Auguste* ni *Dieu-Donné*, un Philippe II, qui rendit de pitoyables ordonnances contre les Juifs, les jureurs et les blasphémateurs, dont on peut se faire une idée par celle de 1181, qui condamnait les nobles de son domaine pour quelques mots grossiers, à une amende, *et les rôturiers à être noyés*. Philippe II *un Dieu-donné* ! Lui que les plus sages remontrances des Etats ne purent prémunir contre la folie alors en vogue ; qui, contre le vœu de la nation, arrosa du sang Français les champs de la Palestine qui avaient déja dévoré plusieurs armées Européennes, et écrasa ses peuples d'impôts excessifs pour porter leurs richesses dans ce gouffre sans fonds ! Philippe *un Dieu-donné* ! Lui qui ravagea le domaine du Comte de Toulouse avec le même acharnement que celui des Mahométans ; lui sous les auspices duquel se forma une croisade contre les malheureux Languedociens ou Albigeois ; lui contre qui crie vengeance le sang d'un million de victimes du fanatisme égorgées sans distinction d'âge ni de sexe ; lui contre qui s'élèvent les ruines de Beziers, de Carcassonne, de Castelnaudary, d'Alby, de Lavaur, de Moissac, de Toulouse et de tant d'autres cités qui furent pillées, saccagées, brûlées, pour complaire aux gens d'Eglise, et sur-tout à saint Dominique, qui présidait cette barbare expédition ! Philippe II *Auguste* ! Lui, ce prince déloyal et parjure, qui, étant en Palestine avec Richard, Roi d'Angleterre, son beau-frère, et voulant revenir en Europe, s'engagea par un serment solemnel à ne rien tenter sur les états de Richard pendant son absence, et ne fut pas plutôt de retour en France, qu'il s'unit à Jean, frère de Richard, pour dépouiller un allié qui se reposoit sur la foi des sermens !

Que le fanatisme barbare canonise un Louis IX parce qu'il lisait St. Bernard et l'Ecriture-Sainte, parce qu'il avait transformé sa maison en un monastère et fait des ordonnances contre les jureurs et les blasphémateurs, enfin parce qu'il avait été chercher en Palestine des reliques, des os vermoulus et quelques morceaux de bois béni ; la raison ne lui demandera pas les vertus d'un moine, mais le condamnera comme roi d'avoir prodigué l'or et le sang des Français dans ses extravagantes expéditions d'outre-mer, d'avoir souffert que la nation payât sa liberté par une énorme rançon. Que la superstition voie en lui un saint : son auréole ne mettra point son front à couvert de l'opprobre que la philosophie lui imprime pour avoir ruiné la France, favorisé l'usurpation des Royaumes de Naples et de Siciles, par son frère Charles d'Anjou, toléré la mort de Conradin, légitime héritier de ces royaumes, et sacrifié tant de milliers de Français en Syrie, en Egypte, en Afrique, pour consommer des projets qui eussent suffi pour le faire au moins déposer par un peuple éclairé.

Qui mérita moins le nom de *Sage* que ce Charles V, qui attira sur la France une guerre des plus désastreuses et des plus sanglantes, en rompant, par une évasion grossière qui le déshonora aux yeux de toute l'Europe, le traité de paix fait à Bretigny avec Edouard ; qui prit indiscrétement parti pour Henri, frère bâtard de Pierre de Castille, contre ce dernier qui avait fait périr sa

femme et exposa la vie de cent mille Français pour venger un meurtre individuel ?

Charles V un roi sage ! lui qui donna la dernière
année de sa vie un exemple de cruauté qu'un brigand
n'oserait avouer.

La ville de Montpellier étoit nouvellement réduite à
son obéissance. Mais les gens du roi commirent tant de
vexations que les habitans désespérés se révoltèrent, se
firent justice, et tuèrent quatre-vingts de ces officiers qui
les tyrannisaient. Frémissez au récit de la terrible vengeance que Charles exerça sur ces malheureux ! Les fastes
des tyrans offrent peu d'exemples d'une aussi froide
barbarie.

Les habitans, les consuls, instruits que le duc de Berri
marche sur la ville avec une armée, sortent à sa rencontre en habits déchirés la corde au cou, précédés des
gens d'église et des mystères de la religion ; parvenus
au prince ils lui présentent les clefs de leur ville et se
prosternent à ses genoux en criant *miséricorde*. Le duc
traverse ce lugubre appareil, entre dans la ville dont
les portes sont abandonnées, et arrivé dans les rues, y
trouve les restes de ce malheureux peuple, femmes,
vieillards et enfans désolés, prosternés et faisant retentir
les airs de ces lamentables accens : *Miséricorde ! miséricorde !* Tant de marques de douleur et de repentir eussent désarmé la férocité d'un tigre. Il n'en est pas de
même du barbare exécuteur des ordres du roi. Non content de dépouiller ce malheureux peuple de tous ses
privilèges et de ses prérogatives, il prononce l'arrêt de
mort de six cents des habitans à choisir à sa discrétion,
qu'il condamne, savoir : *deux cents à être décapités,
deux cents à être pendus, deux cents à être brûlés, et leurs*

enfans déclarés infâmes à perpétuité et tous leurs biens con-
fisqués ! .... J'omettrai pour abréger, les autres disposi-
tions de cette fatale sentence non moins dures ni moins
humiliantes.

J'en ai dit assez pour que vous prononciez si Charles V mérita d'être appellé *Sage.* Il faut pourtant en
convenir, voilà un de nos meilleurs rois, et auxquels
l'histoire a moins de reproches à faire.

Voyons si ce Louis XII, surnommé *le père du peuple*
justifiera mieux par sa conduite ce que ce titre a de
touchant et d'honorable. Ah ! je crains bien que la mo-
rale, que la justice éternelle ne désavoue les éloges de
l'enthousiasme et de l'engouement ! Quoi ! père du peuple, je te vois rechercher l'amitié du pape Alexandre VI,
de ce pontife noirci de tous les crimes, souillé d'adultères, d'incestes, d'empoisonnemens et d'assassinats. Je
te vois t'engager par un traité honteux à payer à cet
infâme vicaire de Jesus une somme de trente mille du-
cats, à réduire à l'obéissance apostolique les villes de
la Romagne et à donner à son abominable fils Cézar-
Borgia, alors cardinal, une compagnie de cent lances,
20,000 liv. de pension, une femme à son gré et Valence
en Dauphiné avec titre de duché. Eh pourquoi père du
peuple ces dons énormes alors à l'indigne pasteur des
fidèles, à l'incestueux cardinal, à ce fratricide, à cet
empoisonneur, à ce Borgia dont le nom reveille l'idée
de tous les crimes ? C'était afin que ce pape abominable
couvrît aux yeux des peuples de son sceau sacrilège l'a-
bandon cruel et illégitime d'une épouse que vingt-six
ans de l'union la plus intime devaient te rendre chère.
La vie de Jeanne de France avant son divorce, celle
qu'elle mena depuis, les vertus, la timidité de son sexe,

tes feux adultères pour Anne¹, même du vivant de Charles VIII , les moyens scandaleux que tu ne rougis pas
d'employer pour provoquer le divorce, tout dépose contre
toi et en faveur de Jeanne, tout soulève d'indignation
les hommes sages et flétrit à jamais ta mémoire.

C'en est assez sans doute pour contester et arracher
à Louis XII le surnom de Père du peuple. Car peut-on
être bon roi et mauvais époux ? Mais sa conduite politique n'est pas moins blâmable que sa vie privée. Doit-
on regarder comme père du peuple un monarque qui
en mettant à l'encan les offices royaux, ouvrit la porte
à la vénalité des charges, et porta à l'état la plaie la
plus profonde et la plus funeste qu'aucun peut-être de
ses prédécesseurs lui eût encore faite : qui pour satisfaire son ambition particulière et réunir à son domaine
le Milanais , Naples et la Sicile, fait assassiner des
milliers de Français et d'Italiens ? Un père fait-il massacrer ses enfans ? Non, c'en est trop ; non, Louis XII,
tu ne fus jamais le père du peuple ; tu ne dus ce surnom qu'à l'adulation. Et voilà encore un de ces monarques que l'histoire nous présente avec ostentation ,
comme un modèle des rois et comme un objet de la
vénération de la postérité !

Si la monarchie française pouvait nous offrir un roi
digne des regrets de la postérité et de la philosophie,
un roi vraiment né pour le bonheur des peuples, peut-
être Henri IV obtiendrait cet avantage sur tous ceux
qui l'ont devancé ou suivi ; mais à coup sûr il ne
pourra soutenir le sévère examen d'une critique impartiale. Fut-il vraiment ami de l'homme, respecta-t-il la
liberté et l'indépendance naturelle, eut-il en un mot les
vertus d'un grand roi ? Non , citoyens ; non. Son début

dans la carrière politique est un attentat contre la véritable souveraineté, celle du peuple. Le droit d'hérédité est un droit absurde dans celui qui se regarde, en vertu de sa naissance, comme un être privilégié fait pour donner des lois aux autres ; mais il est un droit impie et barbare toutes les fois qu'on veut le faire valoir par la force des armes. Henri IV, faisant le bonheur de son petit état de Navarre, eût été grand aux yeux de la philosophie, plus grand mille fois que lorsqu'il livrait son prétendu héritage à la dévastation et à tous les maux qui sont inséparables de la guerre. Mais ce n'est pas là le seul reproche qu'on puisse faire à sa mémoire. Vil esclave de ses passions et sur-tout de son penchant à la volupté, il se noyait dans les plaisirs tout en livrant la France aux horreurs de la guerre civile ; le desir effréné des jouissances lui fit commettre dans un âge avancé des folies qui le mettent au niveau des hommes les plus communs ; toujours aux expédiens pour satisfaire l'insatiable avidité de ses maîtresses, il rendit nombre d'édits bursaux, altéra la valeur des monnaies, et enfonça dans le sein de la France, en rendant héréditaires les charges de judicatures, le poignard que François I.er lui avait mis sous la gorge en introduisant la vénalité de ces mêmes charges. Cet édit de 1604, ce droit funeste, connu sous le nom de *Paulet*, suffirait seul pour déshonorer sa mémoire ; mais ce n'est pas tout : apprenez donc que ce Henri, si long-tems l'idole de la France, n'eut pas même la réalité de cette vertu que lui suppose un proverbe trivial. D'après la foi de ce proverbe, vous croyez peut-être qu'il fit des ordonnances en faveur des agriculteurs, ses premiers, ses vertueux nourriciers : loin-de-là, il viole avec eux les lois de la propriété, de l'humanité. Ecoutez avec effroi son Code dit des Chasses : » Le paysan surpris » avec un fusil autour d'une remise, sera mené fouet- » tant tout autour du buisson où il aura été trouvé, » jusqu'à effusion de sang, etc. "

Quoi, Henri, tu préfères un vain plaisir, tu préfères un chevreuil aux droits éternels, au sang même de celui qui te nourrit, au sang de l'agriculteur ! Eh ! tu n'étais pas en délire lorsque tu dictas ces lois absurdes et féroces. Non, non, elles ne furent que les conséquences de ton édit du 4 Août 1598, où tu faisais defense de porter des armes à feu, sous peine de deux cents écus d'amende et de garder prison jusqu'au paiement pour la première fois, et de perte de tous ses biens et de la vie pour la seconde... Est-ce un homme, est-ce un roi, est-ce un tyran qui agit, qui parle de la sorte ? prononcez, citoyens.

Un trait ou deux du règne de Louis XIII suffira pour caractériser ce roi dit *le Juste*, et le montrer à vos yeux tel qu'il fut réellement ; c'est-à-dire un tyran ignorant et barbare. Il assiège *Mont-Revel*; la ville se rend. Il accorde la vie aux officiers et fait pendre les soldats ; quel mépris, juste Ciel, pour les hommes !

Les habitans de la Rochelle, décidés à s'ensevelir sous les ruines de leur ville en cendres, plutôt que de recevoir la loi d'un farouche vainqueur qui les menaçait de les passer au fil de l'épée, résolurent d'envoyer les femmes, les enfans, les vieillards hors des portes de la ville réduite à la famine la plus épouvantable. Ce troupeau d'infortunés se tourna vers les assiégeans, on les reçut à coups de mousquet, on en massacra plusieurs. Ces malheureuses victimes se retirèrent dans des prairies entre les lignes et la ville pour s'y nourrir d'herbes. Eh bien, ce roi, disons plutôt ce monstre, loin d'en avoir pitié, fit tirer dessus, et les assiégés furent obligés de les reprendre !... Egorger des malheureux qui meurent de faim, des femmes, des enfans, des vieillards sans armes et sans défense !... Et tu serais appellé Juste ! Non, tu ne fus qu'un tyran dévot et atrabilaire ; tu ne fus qu'un lâche assassin de tes amis, de tes favoris, des grands du royaume que tu immolas par l'épée de tes satellites, par tes commissions judiciaires composées d'esclaves vendus à tes barbares caprices, assassin de ta propre mère que tu eus la cruauté de laisser mourir de faim à Cologne. Les manes du maréchal d'Ancres, assassiné dans ton palais par ton ordre et sous tes yeux, ceux de sa femme, de Duchalais, du maréchal d'Ornano, d'Urbain Grandier, du maréchal de Montmorency, de Marillac condamné par une nouvelle commission parce que les premiers commissaires avaient admis la preuve des faits justificatifs ; les manes du duc de Lavalette, ton beau-frère, dont tu dictas toi-même l'arrêt de mort ; ceux enfin de ton favori Cinq-Mars et du vertueux de Thou ; les ombres des Béarnois, chez qui ton édit de 1617 alluma contre la foi des traités les torches des guerres de religion, cent mille Rochellais exterminés par la faim, le fer et le feu, tous s'élèvent contre toi pour vouer ta mémoire à l'horreur et à l'exécration de la postérité, comme celle de Néron et de Charles IX, dont tu renouvellas les attentats.

Eh voilà l'homme qui, le 12 Avril 1633, disait au parlement qu'il entendait que dorénavant quatre présidens vinssent le recevoir à genoux hors la chambre !

A genoux devant toi, monarque orgueilleux et stupide, à genoux devant un tyran imbécile et parricide !... Pauvres humains, croyez après ces faits aux éloges des faussaires qui se disent historiens !

Le règne de Louis XIV, dit *le Grand*, le plus long de tous les règnes de la monarchie, ne nous présente rien de réellement grand qui ne soit étranger à un despote qui ne fut fameux que par les affreuses calamités qu'il attira sur la France, que par des carnages, des désastres, des ruines innombrables, en un mot par les crimes et les attentats inouis que la hauteur et l'orgueil de son caractère, et son goût dominant pour le pouvoir absolu lui firent commettre contre la nation et la nature. La France épuisée, ruinée par ses guerres continuelles et son luxe insolent, l'Europe fumante encore du sang dont elle fut abreuvée, ses plaines encore hérissées des débris de vingt armées; tant de villes dévorées par les flammes et qui ne se sont pas encore relevées de leurs ruines, tels sont les monumens qui nous peignent le caractère de ce monarque bien mieux que les fastueux édifices qu'il avait élevés à sa gloire et non au bonheur et au soulagement de l'humanité, bien mieux que ces chefs-d'œuvres qui attestent et déshonorent le talent des artistes qui les enfantèrent.

Je ne ferai pas l'énumération trop longue de ses crimes, qu'il me suffise de vous dire que les soixante-douze ans de son règne furent soixante-douze ans d'attentats continuels contre le bonheur des Français, contre le repos de l'Europe, contre la liberté du genre humain; que ce roi, pendant la vie duquel les arts et les belles-lettres jettèrent un si brillant éclat, ne fut lui-même qu'un Vandale qui brûla de sa propre main les

manuscrits de Fénelon conservés par le duc de Bour-
gogne, et que son grand art fut toujours de savoir ca-
cher sa profonde ignorance et le vuide de son ame
sous un faux air de grandeur et de dignité ; que ce
monarque appellé grand par les poëtes, par les historiens, par les orateurs, et pour lequel les arts semblent s'être surpassés, ne fut qu'un ambitieux sans foi,
sans pudeur, vendant sa protection, rompant les traités
les plus sacrés et achetant les trahisons quand elles
étaient nécessaires à ses vues ; qu'il fut en un mot barbare sans pitié, fanatique jusqu'à la frénésie ; coupable
époux, mauvais frère, père insensible, égoïste impi-
toyable, despote insolent, persécuteur assassin.

Mais je ne puis, citoyens, malgré le desir que j'au-
rais de me resserrer dans des bornes plus étroites, ne
pas vous rappeller une action de Louis XIV, qui doit le
caractériser comme le tyran le plus absurde et le plus
insensé, puisqu'il voulut régner sur la pensée et s'établir juge des opinions religieuses.

Depuis long-tems ce lâche esclave des jésuites et de
la cour de Rome, minoit par dégrés l'édifice de la
religion des Réformés. Depuis long-tems il exerçoit
contre les malheureux Protestans la persécution la plus
outrée, la plus humiliante, jusqu'à leur arracher leurs
enfans et leur interdire presque l'exercice des arts mé-
chaniques.

Dans le Vivarais et le Dauphiné, des supplices hor-
ribles furent le partage de ceux qui montrèrent quel-
qu'attachement à la religion de leurs ancêtres. Le malheureux Chamier périt sur la roue, sans autre crime
que celui d'être le petit-fils du pasteur qui avait rédigé
l'édit de Nantes. Le prédicant Chomel et trois autres

furent roués vifs, le reste fut pendu. La France devint alors une vaste enceinte de bourreaux et de victimes; et ce n'était que les préludes de maux plus grands encore et qui devaient mettre le comble à la plus affreuse des tyrannies.

Au mois d'Octobre 1685, l'Edit de Nantes fut révoqué. . . . Ici, Citoyens, l'expression me manque pour vous rendre et pour faire passer dans vos ames l'indignation dont la mienne est pénétrée! Il m'eût fallu tremper ma plume dans les larmes et le sang pour vous peindre toutes les calamités que ce fatal arrêt et ceux dont il fut suivi attirèrent sur la France. O ma Patrie! à quel avilissement étois-tu donc descendue? à quel monstre étois-tu donc livrée? Et toi, tyran fanatique, est-ce par de nouveaux forfaits que tu prétends expier les premiers et racheter les désordres et les débauches de ta vie privée? As-tu pu croire que le Père commun des hommes, qui répand également ses dons sur tous, t'eût établi le juge des consciences? Etoit-ce bien pour lui plaire ou plutôt pour assouvir tes goûts féroces que tu résolus la perte de trois millions de Français? Pouvais-tu te croire agréable à la Divinité, toi qui détruisais son plus bel ouvrage, toi qui foulais à tes pieds les lois saintes de l'humanité, et qui soulevas d'indignation les nations voisines? Quel droit avais-tu de priver du ciel sous lequel ils étaient nés ces innocens dont tu peuplas les isles de l'Amérique, et jusqu'aux brûlans déserts de l'Afrique? Mais quel affreux spectacle me glace d'horreur et d'épouvante! .... des femmes, des enfans sont entassés dans les cachots; des vieillards, de vénérables pasteurs, blanchis dans l'exercice des vertus civiles et religieuses, mouillent de leurs larmes impuissantes la rame à laquelle ils sont enchaînés, ou périssent par la corde, par la roue et par les flammes. Quoi ! ta rage n'est pas encore assouvie ? quoi ! les montagnes du Dauphiné, du Vivarais et des Cévennes, impraticables aux humains, ne les mettront pas à l'abri de tes fureurs ? Un bourreau décoré du titre de maréchal de France les poursuit dans ces affreux repaires, et y commet sur eux des atrocités qui feraient rougir les hôtes féroces auxquels la nature destina ces antres sauvages.

Mânes des Français qu'il assassina, qu'il immola à son ambition, à sa superstition ; raison, nature, humanité qu'il foula aux pieds, consolez-vous, la gloire et la renommée de cet insolent monarque se sont dissipées en fumée. Ses lauriers et son trône sont enfin réduits en poudre !

Grande ombre de Duquesne, quand tu combattais pour lui, quand tu couvrais de gloire le pavillon Français, tu n'avais pas songé si tu étais d'une autre religion que le monarque : tu étois loin de prévoir que la France te refuserait la sépulture et que tes cendres ne pourraient reposer qu'en Suisse. — Appaise-toi, grand homme ! non, ce ne fut point la France, ce fut l'ingrat, l'insensible monarque qui te refusa. La France républicaine te vengera d'un mépris qui n'a pu flétrir ta mémoire !

Et vous, habitans de ce département, dont les noms, les mœurs et le langage attestent l'origine française ; vous, restes précieux de ces infortunés que le fanatisme détacha de la grande famille, et que la liberté a rendus à vos frères après un siècle de séparation, n'oubliez jamais que si le despotisme causa vos maux, la République essuya vos larmes. Qui sait, au reste, si la Providence éternelle ne permit pas, dans sa sagesse, que vous ayez été transplantés dans ces heureuses contrées qu'elle destinait à la liberté pour y préparer, pour y faciliter ses triomphes et son affermissement. La liberté et la patrie comptent sur vous, sur vos efforts. Vengez-vous du despotisme qui causa les malheurs de vos pères en rattachant au gouvernement républicain les anciens habitans de ce département, par l'ascendant que vous donnent sur leurs esprits vos habitudes, vos liaisons et vos alliances contractées avec eux.

J'en ai dit assez, Citoyens, pour inspirer à tous ceux qui m'écoutent, la haine et l'horreur de la royauté. Cependant, vous le savez, je n'ai puisé les faits que je viens de vous citer, que dans l'histoire de ceux des monarques Français qui ont paru montrer plus de vertus dignes du trône, et commander davantage l'attachement de la nation et la vénération de la postérité. Je ne vous ai point parlé de tant de monarques indolens et dont le nom seul excite le mépris. En respectant l'oubli auquel ils semblent s'être condamnés, j'ai sans doute obéi à leur vœu le plus cher. J'ai tû jusqu'aux noms de tant de monstres sanguinaires, dont un seul suffit pour accuser et condamner la royauté; puisque l'existence d'un seul, dans le cours de dix siècles, est une calamité, un fléau dont les traces ne s'effacent jamais. Ayant à combattre la monarchie et ses adhérans, j'eusse obtenu sur eux un triomphe trop aisé si j'avois évoqué un Louis VII, un Philippe-le-Bel, un Philippe de Valois, un Louis XI, un Charles IX, un Henri III, et tant d'autres qui ne sont connus dans l'histoire que par leurs crimes, que par leurs attentats contre la vie, contre la liberté des peuples.

Je n'ai point enfin, quand il me suffisoit d'un seul trait pour faire à jamais détester la royauté, compulsé les fastes historiques des autres nations. Toutes ont eu leurs Tarquin, leurs Néron, leurs Domitien, leurs Caligula, leurs Louis XI, leurs Charles IX, leurs Christiern II, toutes ont versé des larmes de sang sur les funestes entreprises de ces orgueilleux pontifes qui, assis sur le trône des César, les ont surpassés en luxe, en débauche et en cruauté!

Il est donc vrai qu'il n'a pas existé un seul roi qui ait fait le bonheur des hommes. Il est donc vrai que tous ne se sont occupés que des moyens d'asseoir leur pouvoir absolu sur les ruines de la liberté publique. Il est donc démontré qu'un roi est essentiellement l'ennemi de l'humanité, qu'il n'est pour lui aucun frein, aucune barrière sacrée. Et il se trouverait encore des hommes assez lâches, assez idolâtres pour ramper aux pieds des rois! Et il se trouverait des Français chez qui quatorze siècles de honte, de malheurs et de crimes n'auraient pas éteint l'amour des tyrans! Non, non, Citoyens, les crimes de la royauté sont trop évidens pour ne pas éclairer tous les esprits, pour ne pas réunir toutes les opinions.

Déja je vois briller dans vos yeux l'éclair précurseur de la foudre qui va pulvériser la tyrannie. J'y lis ce terrible anathême que, d'un bout de la France à l'autre, trente millions d'hommes libres répètent d'une voix unanime : *Périssent, périssent à jamais les tyrans! périssent les vils esclaves qui peuvent aimer des fers, qui peuvent aimer des despotes!*... Un présage aussi évident me garantit les impérissables, les immortelles destinées de la République française. Non, non, jamais le despotisme ne relevera sa tête hideuse sur ma patrie! jamais le fléau de la royauté ne pèsera sur son sol heureux! Qu'il m'en coûte pour résister à votre généreuse impatience, et retarder encore de quelques instans le serment solemnel qui va nous attacher de nouveau à la cause de la liberté! mais je vous trahirais si je vous laissais ignorer que la tyrannie n'a point encore perdu tout espoir de vous recourber sous son joug, et si je ne vous découvrais les pièges qu'elle a tendus devant vos pas.

Les Romains, ce peuple alors si vertueux, si magnanime, délivrés des odieux Tarquins, résolurent de s'affranchir aussi de la royauté; et par la plus terrible des imprécations, dévouèrent aux dieux infernaux quiconque entreprendrait de la rétablir. Qui croirait, citoyens, que la royauté sourit malignement à leurs imprécations, et que déja elle faisait un pas vers ce trône dont elle semblait bannie pour jamais? Cependant il est vrai que cette république naissante portait déja dans son sein les germes de la mort, dont ne purent la préserver ni l'intrépide valeur de ses armées, ni le dévouement, les vertus et les exploits héroïques des Brutus, des Cincinnatus, des Scipion, des Paul-Emile, ni l'éloquence républicaine des Cicéron et des Hortensius.

Sans lois qui renfermâssent les pouvoirs dans leurs limites, qui missent un frein à l'ambition du sénat et des patriciens, aux prétentions sans cesse renaissantes du tribunat, à l'avarice des riches, à l'ombrageuse inquiétude de la multitude, à sa légéreté et à son amour de la nouveauté; fatigué de ses continuelles agitations, dégoûté des factions orageuses qui n'avaient cessé de déchirer la république, honteux d'avoir servi les fureurs d'un Catilina, l'ambition d'un Marius ; instruit enfin par les cruelles proscriptions de Sylla, qu'il n'est point de despotisme plus intolérable que celui des anarchistes, on vit le premier peuple de l'univers se jetter dans les bras d'un maître.

O honte ! ô douleur ! le peuple Romain qui avait chassé les Tarquins pour venger l'affront fait à la chaste Lucrèce, délibère aujourd'hui s'il ne mettra pas l'honneur de toutes les femmes Romaines à la discrétion de César ! On défère le titre de *père de la patrie* à celui qui opprime la liberté publique ; et lorsque chaque citoyen devrait se faire un devoir de porter les premiers coups au tyran, on déclare sa personne sacrée et inviolable. On veut qu'il assiste au spectacle sur un trône d'or, la couronne sur la tête ; on pousse l'idolâtrie jusqu'à porter dans les cérémonies publiques ses images à côté de celles des dieux, jusqu'à lui établir un temple, des autels et des prêtres.

L'anarchie, les vices et la corruption qui marchent à sa suite, avaient tellement éteint le feu républicain dans toutes les ames ; les crimes avec lesquels les Romains s'étaient familiarisés pendant le cours des proscriptions, avaient si bien détruit chez eux tout ressort, toute énergie, que l'exemple héroïque de Brutus ne put les rappeller à la vertu, et que le sénat lui-même n'eut pas le courage de condamner la mémoire du tyran après sa mort. Ne nous étonnons donc plus si Auguste, profitant des divisions de Brutus et d'Antoine, porta le dernier coup à la liberté publique et parvint à asseoir irrévocablement la monarchie sur les ruines de la république Romaine.

Porterai-je vos regards plus avant dans l'histoire ? les fixerai-je sur ces républiques de la Grèce, auxquelles les lois de Licurgue et de Solon, les vertus des Cimon, des Epaminondas, des Aristide et les mœurs de leurs habitans, semblaient avoir imprimé le sceau de l'immortalité ? Vous montrerai-je à quel degré de gloire et de prospérité parvinrent ces républiques tant qu'elles ne s'écartèrent pas de leurs institutions ; quel éclat y jettèrent les arts et les sciences vraiment utiles, tant que ces peuples divers observèrent strictement les conditions du pacte fédératif qui les unissait ? Vous dirai-je que lorsque des vues d'intérêt particulier divisèrent Lacédémone et Athènes, lorsqu'enfin la rivalité les arma l'une contre l'autre, on vit Lacédémone, encore fidèle aux lois, aux institutions de Licurgue, triompher de son émule et lui imposer les conditions les plus humiliantes ? Vous dirai-je que ces divisions, également funestes aux vainqueurs et aux vaincus, encouragèrent les ambitieux à troubler leur patrie, accoutumèrent la multitude à trafiquer de ses suffrages, à vendre sa liberté aux factieux ; que dès-lors on vit leurs assemblées, jusques-là si paisibles, retentir de clameurs insolentes et tumultueuses, qu'on s'y rendait en armes, qu'on s'y portait aux dernières violences, et que l'anarchie ouvrit enfin aux barbares un pays qui n'était plus digne de la liberté.

Mais qu'ai-je besoin d'aller chez les autres peuples chercher des exemples des funestes effets de l'anarchie ? Qui peut avoir oublié ce que ce régime exécré produisit de maux chez nous dans ces tems de honte et de douleur où l'on vit les vices et les vertus changer de nom ; où le peuple séduit, égaré par d'adroits ambitieux qui se disoient ses amis, dupe de leur hypocrisie, de leur faux patriotisme versa des larmes de sang sur son fatal engouement et sur sa trop facile confiance ?

Périsse, avec le souvenir des siècles de la tyrannie, la mémoire de ces jours ténébreux où l'anarchie, confondant toutes les notions, effaça les limites du bien et du mal, pervertit les esprits et les cœurs, apprit à fouler aux pieds les liens du sang, les lois de la société, et livra notre patrie aux spéculations audacieuses et sanguinaires des factieux ; de ces jours affreux où la licence donnant le signal de tous les désordres, tous les droits furent méconnus, outragés, où les passions n'eurent plus de frein ; où tout devint suspect, où tout fut criminel hors le crime ; où l'on vit la terreur assise sur les tribunaux à la place des lois et de la justice déclarer la guerre aux talens, à la richesse, à la vertu, à l'innocence, à la vieillesse, à la liberté même encore plus qu'au royalisme ; où la patrie, la république et la liberté s'enveloppèrent d'un crêpe funèbre !

Nous ne reverrons pas, citoyens, tant de calamités. Nous avons pour nous prémunir contre leur retour, et le sentiment des plaies profondes qu'elles nous ont faites, plaies dont les cicatrices saignent encore, et la garantie de notre Constitution de l'an III, la plus fortement organisée, la plus sagement adaptée à la dignité d'une grande nation que l'esprit humain ait encore offert. De notre fidélité à ce pacte, sur lequel repose l'édifice social, et dont le dépôt précieux est rémis à l'amour du peuple Français ; de notre confiance dans la sagesse du gouvernement dépend le maintien, au milieu de nous, d'une paix profonde et inaltérable ; marchons avec sécurité et d'un pas ferme vers ce terme heureux de nos travaux, de nos sacrifices.

Magistrats, fonctionnaires publics, hâtez tous le jour de la félicité générale. Rappellez-vous sans cesse que vous êtes spécialement chargés non-seulement d'exécuter, mais encore de faire aimer les lois. Que votre conduite sage et mesurée, que votre assiduité à vos fonctions, que votre vigilance et votre impartiale sévérité étouffe les germes de division que la main de l'ennemi a semés parmi nous et qu'il cherche à développer de son souffle empoisonné. Sur-tout que votre modestie, que votre aménité vous rendent les dignes organes d'un gouvernement républicain, et les fidèles interprètes de sa paternelle sollicitude.

Guerriers magnanimes, votre courage a mis aux pieds de la République l'Europe conjurée contre nous; vous venez de cueillir de nouveaux lauriers qui n'ont pas peut-être l'éclat de ceux moissonnés sur l'ennemi du dehors, mais qui ne sont pas moins précieux aux yeux de la patrie, aux yeux de l'humanité. Vous avez éteint les brandons que le fanatisme secouoit sur notre département; vous avez repoussé la guerre civile prête à nous dévorer; sur-tout vous vous êtes montrés dans ces occasions dignes du nom Français; terribles envers votre ennemi, généreux et sensibles avec l'homme égaré et repentant : continuez braves défenseurs à nous donner l'exemple des vertus civiques et militaires, vous affermirez ainsi la constitution que vous avez cimentée de votre sang.

L'exemple de tes héros ne sera point stérile pour toi, peuple Français, lorsque tes enfans offrent chaque jour à la liberté le sacrifice de leurs goûts, de leurs affections les plus tendres, de leurs vies enfin; abandonnerois-tu les principes sacrés, ces éternels garans de la prospérité nationale, ta constitution, cette charte inviolable de tes précieux droits; abandonnerais-tu un gouvernement dont la sagesse et les lumières rendront ton nom éternellement glorieux, pour redescendre aux premiers élémens de la civilisation, pour te livrer à des exagérations désorganisatrices, à des spéculations délirantes qui couvrent la liberté du manteau des furies et l'enivrent pour l'assoupir et la tuer? Ferme l'oreille aux discours étudiés de ces hypocrites patriotes qui se disant tes amis, vont semant des soupçons, des méfiances, contre les magistrats, contre les hommes en place et investis de la confiance du gouvernement; ils te plaignent, ils te promettent le remède de tes maux; ils veulent te conduire à un meilleur état de choses. *Les perfides!* Sais-tu quel est le but vers lequel ils tendent? la royauté. — Sais-tu par quels degrés ils veulent t'y faire arriver? le crime et l'anarchie. Oui, la royauté, le crime et l'anarchie! tels sont les impurs élémens nécessaires à ces amis du désordre et de la confusion. Peuple Français, ne leur donne pas la joie d'un funeste succès! les vrais patriotes, les sincères républicains, les hommes dignes de ta confiance ne prêchent que l'amour de la constitution, que la soumission aux lois et aux magistrats, que l'union et l'attachement au gouvernement républicain.

Peuple Français, la République est à toi; élevée par tes efforts réunis, cimentée par ton sang, par celui de tes enfans, chaque citoyen doit l'aimer comme son propre ouvrage, comme un trophée élevé à sa valeur. Elle est à vous aussi habitans de ce département par votre réunion à la grande famille dont vous avez jadis fait partie, et par l'association de vos enfans à la gloire et aux dangers de nos héros. Regardons-nous tous comptables envers la postérité de ce que nous aurons fait pour son élévation ou souffert pour son abaissement ; ne permettons pas que l'anarchie ou la royauté élèvent leurs têtes hideuses au-dessus de nos lois constitutionnelles ; jurons que jamais la France ne sera abandonnée à ces régimes de sang et de désastres. Livrons aux furies infernales quiconque pourrait jetter vers eux un œil de regret ou balancerait à leur vouer une haine implacable.

Reçois nos sermens, entends nos imprécations Etre suprême, dont la sagesse et la providence éternelles nous arrachèrent à la serre cruelle du despotisme qui sourioit à nos fureurs civiles, et s'apprêtoit à ressaisir sa proie. Tu ne permis pas que des erreurs passagères nous fissent perdre le fruit de tant de sacrifices faits pour la liberté. Veille encore sur notre patrie, conserve la République Française ; c'est pour ton honneur, pour ta gloire, pour le repos du genre humain qu'elle a pris les armes. Les rois ligués contre nous déshonorent ton nom qu'ils invoquent en ravageant la terre, en entraînant les peuples trompés aux combats. Sème le désordre et l'égarement dans leurs camps ; répands l'aveuglement dans leurs conseils ; tourne contre eux les armes de leurs propres soldats ; que la honte de leurs projets insensés retombe toute entière sur eux, et que notre République soit à jamais victorieuse et florissante !

Je jure haine à la royauté et à l'anarchie ; je jure attachement et fidélité à la République et à la Constitution de l'an III.